L'ARCHÉOLOGIE CHRÉTIENNE

A ROME

Du même Auteur.

Un Conservateur au second siècle. — CELSE ET LES PREMIÈRES LUTTES ENTRE LA PHILOSOPHIE ANTIQUE ET LE CHRISTIANISME NAISSANT ; 1 vol. in-8º, 1878.

De antiquissimi Æris in Galliam invectione ; in-8º, 1878.

Ischia, SOUVENIRS DE JEUNESSE ; 1 vol. in-12, 1876.

Le Château de Malatray, SOUVENIRS DE JEUNESSE ; in-8º, 1879.

La Préhistoire en Algérie, avec une planche lithographiée ; in-8º, 1879.

LYON. — Imprimerie J. B. PÉLAGAUD, rue Sala, 58.

É. PÉLAGAUD

DOCTEUR ÈS-LETTRES.

L'ARCHÉOLOGIE CHRÉTIENNE

A ROME

UNE VISITE AUX CATACOMBES

LYON

LIBRAIRIE GÉNÉRALE H. GEORG

65, RUE DE LA RÉPUBLIQUE, 65

MÊME MAISON A GENÈVE ET A BALE

1879

L'ARCHÉOLOGIE CHRÉTIENNE A ROME

A ROME

UNE VISITE AUX CATACOMBES

I

... Un matin de mai de cette année, je reçus à l'hôtel où j'étais descendu, à Rome, un billet du comte de Rossi, le célèbre auteur de la *Roma sotteranea*, qui m'invitait pour le lendemain soir à visiter avec lui

les catacombes de Saint-Calixte, la grande
nécropole où ont été faites, ces dernières
années, les plus importantes découvertes
relatives à l'histoire des premiers siècles
de l'Eglise. Une telle promenade, avec un
pareil guide, est, pour le voyageur à Rome,
une rare bonne fortune, un honneur très-
envié, et je fus d'autant plus heureux de
l'obligeance avec laquelle le grand archéologue se mettait à ma disposition, que les
catacombes n'étaient pas seulement pour
moi un monument curieux à visiter, comme
le touriste en parcourt tant dans les cités
italiennes, mais bien un sujet d'études au-
quel j'attachais beaucoup d'importance. En
outre, des travaux préparatoires m'avaient
démontré la nécessité absolue d'un inter-
prète pour pénétrer le sens caché des mille
détails de ces grandes nécropoles. Les catacombes sont de longues stèles de hiéro-

glyphes qui racontent les drames émou-
vants de nos origines religieuses; mais
même pour l'esprit au courant de ces cho-
ses, il faut qu'un Champollion les traduise,
— et quel Champollion pourrait égaler M.
de Rossi qui, depuis vingt ans, passe sa vie
dans ce mystérieux labyrinthe, qui en a
retrouvé le plan, l'origine et la structure,
sondé les tombeaux, restitué les inscriptions, rétabli l'histoire, et qui a rouvert,
en quelque sorte, la bouche des martyrs et
des pontifes, fermée par de longs siècles
d'oubli... J'avais parcouru jadis les catacombes de Naples et de Syracuse, exploré
pierre à pierre ces hypogées immenses
dont celles de Rome paraissent au visiteur
superficiel n'être que de minuscules imita-
tions; mais ni les efforts de mon imagina-
tion, ni les explications trop souvent baro-
ques du *custode* inintelligent qui m'accom-

pagnait n'étaient parvenues à m'en faire
démêler l'attachante signification, et je
m'étais bien promis de ne pas déflorer par
une visite banale, à l'anglaise, le charme
émouvant de celles de Rome, et d'attendre,
pour y pénétrer, une occasion comme celle
que m'offrait M. de Rossi.

Nous partîmes sur le tard, avec mon
compagnon de voyage. Après de longues
journées de pluies torrentielles, le ciel venait de se dépouiller de nuages et la douce
lueur du soleil romain baignait d'une at-
mosphère moite, vaporeuse et presque lyon-
naise, les lignes ondulées et vert pâle de la
campagne ruisselante encore des dernières
ondées. Au sortir du labyrinthe de ruelles
populeuses et malpropres qu'enserrent les
masures décrépies et lépreuses de la Rome
du Moyen-Age, on s'engage dans de longues
avenues solitaires, bordées de hautes mu-

railles qui entourent les vignes et les cul-
tures désertes du Cœlius et de l'Aventin.
La voiture roule doucement sur les petits
pavés cubiques de basalte bleuâtre qui don-
nent à la voirie romaine une physionomie
caractéristique. Voici les pans de murs
croulants et les énormes voûtes de briques
des thermes de Caracalla qui élèvent encore
à quarante mètres dans les airs toute une
forêt de chênes verts, de lentisques, de fi-
guiers et de broussailles parasites. Voici le
petit clos de murs délabrés qui fut le tombeau des Scipions, puis l'arc de Drusus et
immédiatement après la porte Saint-Sébas-
tien avec ses créneaux du Moyen-Age.
Nous nous engageons sur l'antique voie
Appienne, la reine des routes, encore bordée des ruines énormes, massives et infor-
mes, sous la colossale architecture des-
quelles les patriciens d'autrefois espéraient

que leurs cendres dormiraient d'un éternel sommeil. Çà et là, sur le faîte de ces blocs de cailloutis sans figure, les *contadini* ont bâti une petite masure qui s'élève bien haut dans l'air bleuâtre, comme les hunes d'un vaisseau de guerre au sommet de ses mâts tronqués par les boulets.

Voici le petit oratoire minuscule bâti sur l'emplacement où la légende raconte que saint Pierre, fuyant la persécution de Néron, rencontra Jésus-Christ : « *Domine, quo vadis,* — Seigneur, où allez-vous ? » s'écria l'apôtre, trop habitué à ces apparitions pour en manifester autrement sa surprise. « *Venio iterum crucifigi.* — Je viens me faire crucifier une seconde fois, répondit l'apparition ; puisque tu t'enfuis et désertes ton poste, je vais prendre ta place... » Et saint Pierre, confus, retourna sur ses pas et revint à Rome, où l'attendait son supplice. Libres-

penseurs ou sceptiques du Nord ne doutez
pas de l'authenticité de ce pieux récit, car
on vous montrera encore dans la petite église
l'empreinte que les pieds du Sauveur laissè-
rent sur le marbre où ils s'étaient un ins-
tant reposés.

Cependant la voie s'élève lentement sur le
flanc d'une côte assez raide, toujours bordée
de ces interminables murs de clôture qui ne
cesseront qu'à la tour maintenant crénelée
de Cécilia Métella, pour céder la place aux
ruines des tombeaux des grandes familles
romaines. A droite, quelques cyprès élancés
s'élèvent au-dessus d'une muraille en ter-
rasse sur laquelle est accoudé M. de Rossi,
qui attend notre arrivée. Une porte étroite
et basse nous livre passage. Nous gravis-
sons une petite montée et nous nous trou-
vons sur le sommet d'un plateau qui domine
au loin les immensités houleuses de la cam-

pagne romaine. Un petit édicule primitif recouvre l'entrée d'un escalier de marbre assez raide qui s'enfonce tout droit dans les
profondeurs du sol. On nous munit d'une de
ces petites bougies en spirales qu'on appelle
rats-de-cave en patois de nos pays, et, sur
les pas de M. de Rossi, nous descendons.

II

L'escalier, recouvert de dalles disloquées de marbre blanc, est raide et glissant. Son extrémité inférieure donne accès en pleine catacombe, dans une galerie étroite et basse, creusée dans la pouzzolane noirâtre et qui monte, d'une part, à une petite chambre à peu près cubique et descend de l'autre dans un système assez compliqué de couloirs sous-jacents. Notre guide nous conduit d'abord dans cette petite chambre sans issue pour nous faire admirer des peintures primitives, d'un grand style, contemporaines des premiers siècles de l'Eglise et sans doute aussi de l'ouverture de l'hypogée. C'est d'abord le Bon Pasteur, portant sur ses épaules une brebis fatiguée. La figure, à peine esquissée au trait rougeâtre sur une couche de stuck blanc et poli, est énergique et simple. On se croirait à Pompéi, en face de l'une de ces fresques merveilleuses dans leur sécheresse fruste et austère, conservées par le Vésuve à nos yeux stupéfaits. C'est de la sculpture dessinée, et l'auteur de ces compositions mérite à peine le nom de peintre. A côté se trouvent Jonas et les allégories chères aux premiers chrétiens, les poissons dont le nom grec forme le monogramme du Sauveur. Toute la symbolique chrétienne des premiers jours se trouve condensée dans cette étroite cellule dont les fresques croulantes et délabrées, malgré le zèle pieux qui les défend contre les injures du temps, témoignent encore, dans leur éloquent et silencieux langage, du monde d'idées, de foi, de ferveur et d'enthousiasme qui s'est agité sous la sombre voûte de cendres durcies qui les recouvre de son précaire abri.

Cette chambre, ou pour mieux dire ce petit oratoire, appartient à l'étage supérieur, c'est-à-dire à la partie la plus ancienne de la catacombe. Au-dessous, on a creusé un second réseau de galeries, et les portes murées des corridors supérieurs ainsi que le style beaucoup moins sobre et moins pur des peintures qui recouvrent çà et là ces nouvelles excavations, témoignent de leur date plus récente. Une fois, en effet, que les parois des premières galeries furent occupées du haut en bas par les *loculi* ou tombes des premiers saints, comme les rayons d'une bibliothèque funèbre remplis de volumes, il fallut chercher de nouveaux emplacements, et on enfonça dans le sol une nouvelle série de galeries souterraines. Mais pour éviter de déranger les morts du

paisible sommeil promis par Dieu à ses
élus, — *Beati qui in Domino moriuntur
et in pace quiescunt*, — on creusa au-dessous de la paroi, tout occupée par les *loculi*
funéraires, un passage de communication
avec les galeries sous-jacentes, comme de
nos jours encore et dans certaines provin-
ces des plaines du Nord, on fait passer, au
moyen de petits tunnels, les voies charre-
tières par-dessous les voies ferrées. Lors-
que, par hasard, la pioche avait atteint un
loculus en exécutant ce travail, on avait
grand soin de rétablir en maçonnerie la paroi endommagée et on se hâtait ainsi de
rendre au mort vénéré son repos un ins-
tant troublé par une absolue nécessité.

L'origine des catacombes a depuis long-
temps donné lieu à bien des recherches et
des discussions. Comment les chrétiens ont-
ils pu exécuter, le plus souvent en secret,

cet immense travail souterrain ? Qu'ont-ils
fait des déblais considérables qu'ils ont dû
extraire pour creuser le vide des galeries ?
M. de Rossi a résolu ce problème, comme
bien d'autres, avec une pénétrante sagacité.

On avait cru d'abord que les catacombes
n'étaient que d'anciennes carrières de pouzzolane (*arenaria*) aménagées par les chrétiens pour leur nouvelle destination funéraire. Mais un examen plus attentif a fait
renoncer à cette opinion. Ces hypogées sont
à peu près toujours creusées, en effet, dans
une couche de tuf volcanique trop dur et
trop grossier pour pouvoir être réduit en
pouzzolane et trop tendre, en même temps
pour servir de pierre à bâtir. En nombre
d'endroits, il est visible par l'inclinaison,
tantôt ascendante, tantôt descendante, donnée aux galeries, qu'elles suivent exacte-

ment les inflexions de cette couche, sans pénétrer jamais ni dans la pouzzolane sousjacente ni dans le tuf plus dur, qui peut être taillé comme des moellons. Elles se tiennent constamment dans une roche impropre à toute utilisation industrielle, mais d'une perforation facile à cause de sa friabilité et suffisamment tenace, en même temps, pour n'exiger ni muraillement ni boisage. De plus, l'étroitesse des couches, où deux personnes ont le plus souvent grand'peine à passer de front, et surtout leurs intersections à angles droits démontrent pleinement qu'elles n'ont jamais été creusées dans un but d'exploitation, car il serait impossible d'y faire circuler ni chariots ni bêtes de somme chargés de matériaux. Il est facile de se convaincre, par un examen même superficiel, que ces couloirs ont été ouverts et affectés dès leur origine à la destination spéciale à laquelle ils servent encore aujourd'hui. Les *arenaria* abandonnées n'ont pu servir que d'entrée, de vestibule aux catacombes proprement dites, de lieu de dépôt pour les premiers déblais. A mesure, en effet, que l'on creusait une nouvelle galerie, on remblayait les anciennes avec les matériaux qu'on en extrayait, et la foule ignorée des sépulcres vulgaires disparaissait sous ces amas de cendres noirâtres jusqu'au jour où les terrassiers de M. de Rossi les ouvrent de nouveau à la lumière de leurs lampes et permettent aux visiteurs modernes l'accès de ces lieux antiques de silence et de repos.

Une ancienne tradition, confirmée par les récits de quelques vieux itinéraires de pèlerins qui venaient, aux huitième et neuvième siècles, visiter pieusement les cendres des martyrs et le centre de la chrétienté, — une ancienne tradition affirmait que les catacombes de Saint-Calixte renfermaient les tombeaux des premiers pontifes et des grands martyrs des premiers siècles. On savait que le pape saint Damase les avait fait restaurer à la fin du quatrième siècle, qu'il en avait rendu l'accès facile aux pèlerins déjà nombreux, en y construisant des escaliers et en y ouvrant des soupiraux pour donner un peu d'air et de lumière, qu'il avait enfin décoré les plus vénérables de ces sépultures par des inscriptions en vers hexamètres, composés par lui et magnifiquement gravées sur des plaques de marbre blanc en caractères d'une grande beauté, spécialement inventés pour ces sortes d'épitaphes par son secrétaire, Furius Dionysius Philocalus.

Or, on ne retrouvait rien de tout cela. Fallait-il donc admettre que la tradition s'était trompée ou bien que les tombeaux des pontifes et des grands martyrs avaient été détruits soit par les Goths et les Lombards, lorsqu'ils fouillèrent les catacombes et violèrent la plupart des *loculi* pour y chercher des trésors et pour en vendre les ossements comme reliques, sous n'importe quel nom, soit par les papes eux-mêmes, qui transportèrent, aux septième, huitième et neuvième siècles, des milliers et des milliers de corps de martyrs dans les différentes églises de Rome?

M. de Rossi ne fut pas de cet avis. Il remarqua que les excavations par lesquelles on avait, jusqu'à lui, pénétré dans les catacombes pouvaient fort bien n'être pas le moins du monde le résultat d'éboulements naturels, mais, au contraire, les restes des soupiraux pratiqués par le pape Damase au-dessus des tombeaux célèbres et des en-

droits vénérés, soupiraux à demi obstrués
par les broussailles et les décombres des-
cendus d'en haut. Il se dit que toutes les fois
que l'on rencontrait dans les catacombes de
grands bouleversements de terrain, il fallait
y voir, non plus comme on l'avait fait jusqu'à lui, des effondrements accidentels aux-
quels il était dangereux de toucher sans
précautions et sans travaux de soutènement,
mais, tout au contraire, les restes des constructions et des aménagements exécutés depuis le triomphe du christianisme dans les
parties les plus importantes de l'hypogée.
Ce fut donc sur ces points qu'il concentra
tous ses efforts, et le succès vint bientôt
démontrer la justesse de cette hardie hypo-
thèse.

Au-dessous de l'un de ces éboulements
qui avaient laissé pénétrer jusqu'au fond de
la catacombe les eaux pluviales, avec les

terres et les éboulis de la surface, M. de Rossi trouva une assez vaste chambre à peu près carrée, jadis convertie en oratoire. Une fois déblayée, il reconnut que ce qu'on avait pris pour un effondrement accidentel n'était autre chose que les restes d'un puits maçonné par lequel cette petite crypte recevait un peu d'air et de lumière. L'une des parois, soigneusement stuckées, portait encore les traces de peintures byzantines représentant deux vieillards debout à côté l'un de l'autre. Autour de leurs têtes, ceintes d'une auréole, deux inscriptions en lettres capitales, verticalement placées les unes au-dessous des autres, donnaient leurs noms : CORNELIUS, CYPRIANUS. Il n'y avait plus à douter : c'était le tombeau du pape Corneille, l'ami du célèbre évêque de Carthage Cyprien, que l'on venait de découvrir. En lavant le stuck poli pour dégager les deux peintures de la terre et de la boue qui les souillaient, M. de Rossi découvrit une inscription minuscule en écriture cursive, tracée à la pointe d'un couteau par un pèlerin des bas temps et qui venait encore confirmer cette intéressante attribution.

Mais ce n'était là que le premier pas dans la voie d'une grande découverte.

III

D'après les anciens itinéraires que j'ai cités plus haut, on savait que le tombeau de saint Corneille devait se trouver réuni dans un même oratoire avec ceux des papes martyrs du IIIe siècle. On se figure avec quelle émotion M. de Rossi dut s'avancer, le premier depuis tant de siècles, sous la voûte étroite et sombre, dépositaire des plus touchants souvenirs de nos origines religieuses. Une pâle lueur pénétrait à peine par l'orifice supérieur du puits qui venait d'être déblayé et des éboulis de toute nature encombraient le réduit. L'illustre archéologue trébucha sur deux colonnes de marbre blanc brisées et couchées à terre. Sur les parois de l'oratoire, les *loculi* ont au moins le double de la dimension ordinaire ; malheureusement ils ont été violés déjà et les plaques de marbre qui en fermaient l'entrée ont été arrachées et brisées. Mais les fragments de quelques-unes d'entre elles sont faciles à réunir et on y lit inscrits en grosses et magnifiques lettres les noms des pontifes martyrs : AN-TEROS, EPISCOPUS; FABIANUS, EP.; LUCIUS, EP.; SIXTUS, EP.; EUTYCHIANUS, EP. Devant le tombeau de Saint-Sixte, M. de Rossi a pu rétablir une grande inscription que saint Damase avait fait graver sur une plaque de marbre blanc. Bien que brisée en mille fragments, elle est à peu près complète aujourd'hui, et les parties manquantes ont été restituées d'après la reproduction qu'en avait faite l'un des pieux itinéraires des pèlerins du VIII⁰ siècle. Sur le sol se voient encore les substructions de l'autel primitif, sorte de table supportée sur le devant par deux colonnettes de marbre, où l'on célébrait la messe, auprès des tombeaux des pontifes. Ces inscriptions funéraires des premiers papes, si grandioses dans leur simplicité sobre et inattendue, témoignent d'une rapide décadence dans la calligraphie lapidaire. Il n'y a pas cinquante ans de distance entre l'épitaphe de Saint-Antère, martyrisé en 235 et celle de Saint-Eutychien, mort en 283 et il semble que des siècles de barbarie se soient écoulés entre les deux inscriptions, tant la dernière est fruste, grossière et d'un incorrect dessin, tant la première est au contraire d'un style ferme, sobre et élégant.

A côté de la *camera papale*, un second oratoire à ciel ouvert laisse doucement pénétrer une clarté indécise, molle et tamisée par le feuillage verdâtre de la folle végétation qui se penche au-dessus de la margelle de l'orifice, comme pour regarder curieusement à l'intérieur. D'après les vieux itinéraires, c'est là que devrait se trouver le tombeau de sainte Cécile et, en effet, sur le stuck de la paroi, à côté d'une grande excavation qui fut sans doute le sépulcre de la sainte, se voient encore nettement conservées trois peintures du style byzantin le plus archaïque, une tête de Christ, un portrait d'homme, probablement saint Urbain, pontife et martyr, et un portrait de femme destiné à représenter sainte Cécile. Ces peintures sont évidemment du VIIe ou VIIIe siècle, et, en tout cas, très-postérieures à l'ensevelissement des personnages qu'elles prétendent représenter et qui ont été probablement martyrisés de 220 à 230. Pour expliquer l'importance donnée à la sépulture d'une femme jugée digne d'être placée à côté du tombeau des pontifes, M. de Rossi nous rappelle que sainte Cécile appartenait à une famille patricienne de Rome, qu'elle avait été une protectrice puissante du christianisme et qu'on a de fortes raisons de croire que la catacombe de saint Calixte avait été creusée dans un terrain à elle appartenant, dont elle avait fait don à l'Eglise à cet effet.

Tout cela est bien légendaire et ne repose que sur des documents postérieurs de plusieurs siècles à l'époque à laquelle ils se rapportent, mais on n'en doit qu'admirer davantage la sagacité pénétrante de M. de Rossi, qui, une fois maître d'une méthode rationnelle de recherches, a su en déduire jusqu'au bout les conséquences et retrouver, comme par une sorte de divination, les plus grands souvenirs des premiers siècles du christianisme, qui gisaient depuis mille ans oubliés dans les entrailles des collines du Latium.

IV

Cependant de longues heures s'étaient écoulées durant notre promenade souterraine et M. de Rossi avait hâte de nous montrer sa dernière découverte, la basilique de sainte Pétronille, exhumée par lui au milieu d'une catacombe voisine, dite de Domitille, du nom de cette fameuse Flavia Domitilla de la famille impériale des Flavius, sur le christianisme de laquelle on a tant disserté. Nous remontons à la surface et nous nous dirigeons, à travers des champs de blé 'd'un vert glauque et tout pénétrés encore de l'humidité des dernières pluies, vers des constructions basses et bizarres que nous apercevons à l'ouest, dans le loin-

tain. Chemin faisant, nous causons de la
forme des *loculi*, toujours pressés les uns
contre les autres, comme les alvéoles d'une
ruche d'abeilles, et réduits à la dimension
strictement nécessaire pour y introduire le
corps du défunt.

Il est probable que chaque famille avait
sa place assignée dans la paroi de chaque
couloir ; on n'y creusait les petites niches
qu'au moment même de l'inhumation et
l'ouverture était immédiatement refermée
par une plaque de marbre, ou plus com-
munément par une simple brique qu'un si-
gne quelconque distinguait de ses voisines.
C'était tantôt un certain nombre de petits
cailloux enfoncés de manière à former un
dessin bizarre et caractéristique, dans le
mortier qui cimentait les joints de la brique, tantôt un camée de prix, un fragment
de verre ou quelque autre objet analogue.

Le rite funéraire était toujours l'inhumation, jamais l'incinération, qui répugnait tellement aux habitudes chrétiennes que deux ou trois fois les corps des martyrs ayant été livrés aux flammes, on a trouvé leurs cendres réunies dans une urne et placées dans un *loculus* que rien ne distinguait extérieurement des autres, comme si l'on s'était efforcé d'effacer jusqu'au souvenir de cette violation involontaire d'un rite consacré.

Vainement, j'ai demandé à M. de Rossi s'il avait découvert la raison théologique d'un abandon aussi radical d'une coutume séculaire dans le monde romain. Il m'a répondu qu'il ne pouvait y avoir d'autre cause que le désir de perpétuer une tradition juive, confirmé sans doute aussi par l'éloignement naturel que devaient éprouver les premiers chrétiens pour les usages de leurs persécuteurs. Bien qu'il ne se dissimulât nullement l'importance de cette question, principalement au point de vue des études préhistoriques, il m'a affirmé n'avoir trouvé aucun document, aucun texte bien positif pour la résoudre.

Les modernes historiens de l'Eglise se sont beaucoup préoccupés du nombre des chrétiens aux premiers siècles. Faut-il prendre au pied de la lettre les expressions de Tacite parlant, pour l'époque de Néron, trente ans à peine après la mort du Christ et les débuts de la prédication apostolique, d'une immense multitude ? Faut-il ajouter foi aux expressions triomphantes de Tertullien s'é-criant, un siècle et demi plus tard : « Nous sommes d'hier et déjà nous remplissons le monde !... », ou bien, au contraire, ne de-vons-nous voir dans le vague de ces évalua-tions que des hyperboles oratoires sans précision ni vérité et réduire, comme l'ont fait la plupart des modernes exégètes, le nombre des chrétiens de Rome à vingt-cinq ou trente mille, au plus, durant les deux premiers siècles ?

M. de Rossi abordera cette question dans le quatrième volume de sa *Roma sotterranea*, actuellement en préparation, par la seule méthode scientifique qui permette de lui donner une solution sérieuse et positive. On sait que les catacombes, ouvertes à la fin du premier siècle, au plus tôt, ont cessé de servir de nécropole au quatrième siècle, les trois dernières de ces hypogées ayant été consacrées, vers l'an 340, par le pape Jules Ier. C'est donc une durée de trois siècles, au maximum, pendant laquelle les catacombes ont reçu les corps non pas de tous les chrétiens de Rome, — un certain nombre, isolés dans les familles païennes, devaient échapper, après leur mort, à la sollicitude de leurs coreligionnaires,—mais de la très-grande majorité d'entre eux. Le nombre de tombeaux qu'elles contiennent doit donc nous donner, avec une approximation suffisante, le chiffre des chrétiens durant ces trois cents ans, et, s'il y a quelque erreur, elle sera plutôt en moins qu'en plus. Or, M. de Rossi a trouvé, pour l'ensemble des soixante et quelques catacombes de Rome, le chiffre rond de trois millions et demi de sépultures. Quelle que soit la répartition de ce nombre que l'on admette sur la durée des trois siècles qui l'ont fourni, — et M. de Rossi travaille à l'établir sur des données positives, — il n'en reste pas moins certain qu'il s'agit bien d'une immense multitude et que les soupçons de l'exégèse allemande sont encore une fois tombés à faux.

J'ai dit que les catacombes n'avaient été ouvertes qu'à la fin du premier siècle. Il est, en effet, difficile de reporter plus haut le commencement de leur construction, car les plus anciens monuments qu'on y a retrouvés ne présentent jamais un style antérieur au second siècle, et ce n'est qu'à partir de cette époque que les évêques de Rome paraissent y avoir été inhumés. Où donc faut-il chercher la sépulture des premiers pontifes ? M. de Rossi est persuadé qu'elle doit se trouver sous le maître autel de Saint-Pierre, autour du tombeau du prince des apôtres, que la tradition place précisément en cet endroit. Au XVIIe siècle, lorsqu'on creusa les fondements de la *Confession* actuelle, on exhuma un tombeau de marbre d'une ornementation très-simple et portant aux quatre angles cette sèche inscription quatre fois répétée : LINUS, LINUS, LINUS,

LINUS. Nul n'y faisait attention, lorsqu'un simple ouvrier s'écria que ce devait être là bien certainement le sépulcre de saint Lin, le successeur immédiat de saint Pierre. Mais, à cette époque, on ne voulait pas admettre qu'un Souverain-Pontife pût avoir été inhumé sans faste et sans luxe. Sans doute, on s'attendait à trouver, pour le deuxième vicaire de Jésus-Christ, un tombeau magnifique avec une pompeuse inscription célébrant les vertus *Sancti Lini Pontificis Maximi.....* On n'écouta pas l'ouvrier trop clairvoyant et le tombeau fut détruit. Cependant, cet incident avait donné l'éveil et l'on prévint quelque temps après le pape qu'on avait trouvé le tombeau de saint Pierre lui-même. L'émoi fut grand à cette nouvelle ; le Souverain-Pontife nomma une commission de cardinaux pour délibérer sur les mesures à prendre et descendit dans les chantiers examiner le sépulcre vénéré. On trouvait là une occasion éclatante et inespérée de confondre à jamais les doutes déjà émis par les théologiens protestants sur l'élévation de saint Pierre à l'épiscopat de Rome ; dans tous les cas, on aurait pu éviter bien des discussions et bien des flots d'encre versés par l'exégèse moderne pour démontrer que le prince des apôtres a terminé sa carrière en Orient sans jamais avoir foulé le sol de l'Italie.

Mais tel ne fut pas l'avis du pape et du Sacré-Collége d'alors. En politiques prudents, ils craignirent, dit-on, que le tombeau de saint Pierre n'eût été déjà violé dans les périodes de troubles et d'invasions, et que les ossements du saint n'eussent été extraits de leur sépulcre et cachés en lieu sûr par des mains pieuses, jalouses de dérober ces reliques vénérées aux profana-

tions des barbares, comme cela est arrivé
pour la plupart des martyrs des catacombes; ils redoutèrent que cette disparition
possible de la dépouille du premier pontife,
bien authentiquement constatée, ne vînt
fournir des armes à la polémique protes-
tante, et ils défendirent de toucher au sépulcre, s'empressant de le faire enfouir à
nouveau sous les monceaux de terre et de
maçonnerie sous lesquels il gît aujourd'hui
pour de longs siècles encore, suivant toute
apparence. Il ne faudrait cependant pas
trop s'étonner de cette manière d'agir, quelque étrange qu'elle puisse paraître à nos
idées modernes et françaises, car ce n'est
pas là le seul exemple d'un fait de ce genre.
Lorsqu'on reconstruisit la basilique de
Saint-Paul hors les murs, après le grand
incendie de 1823, on mit au jour en fouil-
lant au-dessous de l'ancien maître-autel, le

tombeau de saint Paul, ce fameux tombeau qui, d'après la légende du Moyen-Age, fit périr dans la même semaine tous les ouvriers assez hardis pour avoir osé y porter les mains. M. de Rossi a vu lui-même la plaque de marbre blanc portant en caractères de près de un pied de hauteur l'inscription PAULO APOST. ET MART. Mais le pape, prévenu de cette découverte, s'empressa de défendre qu'on y touchât et fit enfouir de nouveau le mystérieux sépulcre sous la confession de la nouvelle basilique.

V

Tout en causant ainsi, nous étions arri-
vés devant la construction bizarre qui nous
était apparue de loin. C'était le hangar tout
récent, fruste et grossier abri dont M. de
Rossi a fait recouvrir les ruines vénérables
de la basilique de Sainte-Pétronille, sa dernière grande découverte et la démonstra-
tion la plus éclatante de la sûreté de sa méthode. D'avance, il avait annoncé aux sceptiques qu'à tel point précis, sous le sol uni-
formément ondulé de la campagne romaine,
la pioche du terrassier mettrait au jour
les substructions de la vieille église, et à
l'endroit exact qu'il avait indiqué s'exhu-
maient bientôt les colonnades élégantes, et

les tombeaux des saints Nérée et Achillée,
ces deux esclaves de la jeune patricienne
Domitilla, dont un écrivain anonyme nous
a raconté, en termes d'une audace aussi li-
bre que pieuse, le zèle apostolique et la fin
courageuse. M. de Rossi avait remarqué
que de grands éboulements et des substructions considérables interrompaient, sur un
espace assez étendu, les galeries de la catacombe. Il soupçonna immédiatement que
ces décombres ne pouvaient se rapporter
qu'aux ruines de la basilique, et les premiers coups de pioche exhumèrent, en effet, le dallage encore très-reconnaissable,
les colonnes renversées et brisées, les sou-
bassements des bas-côtés et de l'abside, le
plan général, en un mot, de la célèbre
église élevée par-dessus plusieurs étages de
catacombes et sous le pavé de laquelle on
avait enfoui des tombeaux et des sarco-

phages, souvent fort riches, des premiers siècles. Près du maître-autel, une colonne portait assez grossièrement sculptée en haut-relief, presque en ronde-bosse, la représentation du supplice de saint Nérée, une autre, malheureusement mutilée et brisée, celle de la mort d'Achillée, son compagnon.

Cependant le soir était venu. Le soleil se couchait sur la Méditerranée lointaine, et ses derniers rayons, à demi noyés dans les buées denses qui s'élevaient des prairies et des blés ruisselants d'eau, empourpraient l'occident. Nous jetâmes un dernier regard sur l'itinéraire des anciens pèlerins qui, de Saint-Paul hors les murs, leur première station, montaient jadis en longues files à la basilique de Sainte-Pétronille, au tombeau des Pontifes, pour aller terminer à Saint-Pierre, à l'autre bout de Rome, leur longue adoration. A l'approche de la nuit, il se faisait partout un grand silence. Çà et là les dômes des édifices sacrés surgissaient encore en masses lourdes et imposantes du crépuscule naissant. Un lointain murmure, quelques pâles clartés flottant au hasard sur les corniches des monuments rappelaient seuls la présence des vivants et le réveil d'une nouvelle jeunesse dans la cité des tombeaux. A l'est, les monts Albains, berceau de la ville éternelle, élevaient, dans le violet de l'horizon, la silhouette harmonieuse de leur ossature volcanique et l'humidité pénétrante des dernières pluies jetait sur ce paysage silencieux comme un manteau d'ouate d'une tristesse douce et mélancolique.

Nous nous acheminâmes lentement vers Rome, et la foule du Corso, que nous retrouvâmes bientôt sous la pluie de lumière qui inonde chaque soir la place Colonna, ne nous fit que plus vivement sentir le contraste des grands souvenirs du passé, à côté de la brillante jeunesse de la nouvelle Italie.

FIN